Ellen Schulte-Bunert • Michael Junga

DaZ eigenständig üben: Possessivartikel

Freiarbeitsmaterialien
zum Lesen, Schreiben und Sprechen

Impressum

DaZ eigenständig üben: Possessivartikel

Nach 60 Semestern als Lehrkraft für besondere Aufgaben arbeitet **Ellen Schulte-Bunert** jetzt als Lehrbeauftragte am Institut für Sprache, Literatur und Medien, Seminar DaF/DaZ der Europa-Universität Flensburg und als Fortbildnerin für DaZ-Lehrkräfte in verschiedenen Bundesländern.
Ihre Arbeitsschwerpunkte sind Didaktik und Methodik des Deutschen als Zweitsprache, Alphabetisierung in der Zweitsprache Deutsch, Sprachdiagnose und individuelle Förderplanung sowie Entwicklung von Unterrichtsmaterialien.
Sie ist Mitautorin der *Curricularen Grundlagen Deutsch als Zweitsprache für Schleswig-Holstein* sowie der *Niveaubeschreibungen DaZ* für die Primarstufe und die Sekundarstufe I.

Michael Junga, Jahrgang 1949, war 40 Jahre lang als Grund- und Förderschullehrer in Braunschweig tätig. Dabei beschäftigte er sich intensiv mit der Frage, wie die Denk- und Kombinationsfähigkeit von Kindergarten-, Grund- und Förderschulkindern gestärkt und trainiert werden kann. Jetzt kümmert er sich um die Erstellung von Materialien für erwachsene Menschen, die durch Krankheit, Unfall oder Alter in ihrer intellektuellen Leistungsfähigkeit beeinträchtigt sind und daher besonders kleinschrittige Hilfsangebote benötigen.
Kontakt: michaeljunga@t-online.de

1. Auflage 2018
© 2018 AOL-Verlag, Hamburg
AAP Lehrerfachverlage GmbH
Alle Rechte vorbehalten.

Veritaskai 3 · 21079 Hamburg
Fon (040) 32 50 83-060 · Fax (040) 32 50 83-050
info@aol-verlag.de · www.aol-verlag.de

Redaktion: Clara-Sophie Vogel
Layout/Satz: Satzpunkt Ursula Ewert GmbH, Bayreuth
Illustrationen: Scott Krausen
Coverfoto: Rupert Brandl

ISBN: 978-3-403-10512-1

Dieses Werk ist eine Überarbeitung des Titels *DaZ / DaF mit Selbstkontrolle – Possessivpronomen, Klasse 3–8* (ISBN 978-3-8344-5409-6).

Das Werk als Ganzes sowie in seinen Teilen unterliegt dem deutschen Urheberrecht. Der Erwerber des Werkes ist berechtigt, das Werk als Ganzes oder in seinen Teilen für den eigenen Gebrauch und den Einsatz im Unterricht zu nutzen. Die Nutzung ist nur für den genannten Zweck gestattet, nicht jedoch für einen weiteren kommerziellen Gebrauch, für die Weiterleitung an Dritte oder für die Veröffentlichung im Internet oder in Intranets. Eine über den genannten Zweck hinausgehende Nutzung bedarf in jedem Fall der vorherigen schriftlichen Zustimmung des Verlages.

Sind Internetadressen in diesem Werk angegeben, wurden diese vom Verlag sorgfältig geprüft. Da wir auf die externen Seiten weder inhaltliche noch gestalterische Einflussmöglichkeiten haben, können wir nicht garantieren, dass die Inhalte zu einem späteren Zeitpunkt noch dieselben sind wie zum Zeitpunkt der Drucklegung. Der AOL-Verlag übernimmt deshalb keine Gewähr für die Aktualität und den Inhalt dieser Internetseiten oder solcher, die mit ihnen verlinkt sind, und schließt jegliche Haftung aus.

Engagiert unterrichten. Begeistert lernen.

Inhalt

Liebe Kollegin, lieber Kollege 4

Soloaufgaben

Regelmäßige Verben

1. Das bin ich 5
2. Das sind meine Sachen 6
3. Wer ist das? 7
4. Sind das deine Schulsachen? 8
5. Amjads Familie 9
6. Raheles Familie 10
7. Wer kann es erraten: Wer ist das? 11
8. Und wer ist das? 12
9. Wem gehören die Schulsachen? 13
10. Vergessen! 14
11. Die Erwachsenen in unserer Schule 15
12. So sieht unsere Klasse aus 16
13. Anna ist neu in der Klasse 17
14. Anna lernt den Klassenraum kennen 18

Possessivartikel im Akkusativ

15. Helene findet ihre Schulsachen nicht 19
16. Emil weiß, wer Helenes Schulsachen hat 20
17. Matin will ein Lernplakat basteln 21
18. Marie sucht ihre Sachen für den Kunstunterricht 22
19. Heute hat die 4a in der Schule Fotos gemacht 23
20. Wen habt ihr am Wochenende besucht? 24

Possessivartikel im Dativ

21. Mit wem spielst du heute? 25
22. Alle müssen helfen – aber wer hilft wem? 26
23. Wem gehören die Sachen? 27

Tandemübungen

Tandemübung 1 – Mein Zuhause und meine Familie 28
Tandemübung 2 – Ist das dein Zuhause? 30
Tandemübung 3 – Wem gehören diese Dinge? 32
Tandemübung 4 – Kamil zeigt Anna die neue Schule 34
Tandemübung 5 – Nach dem Fußballtraining 36
Tandemübung 6 – So sieht es bei uns aus 38

Liebe Kollegin, lieber Kollege,

die hier vorliegenden 35 Kopiervorlagen mit Selbstkontrolle trainieren ein grammatisches Phänomen der deutschen Sprache, das vielen Lernern des **Deutschen als Zweit-/Fremdsprache** besondere Probleme bereitet, die **Possessivartikel**. Insbesondere bei der Deklination dieser Wortart ist die Gefahr, dass sich Übergangsformen verfestigen und zu Fossilierungen führen (z. B. *mit meine Mutter, für dein Bruder*), besonders groß. Derartige Fossilierungen lassen sich im Unterricht nur schwer aufbrechen und abbauen. Daher ist es wichtig, Possessivartikel intensiv einzuschleifen.

Beim Training der Verwendung der Possessivartikel geht es zum einen um die **Semantik** dieser Wörter, zum anderen aber um deren Veränderung, die **Deklination**. Das Besondere bei der Veränderung dieser Wortart ist, dass **der Possessivartikel selbst vom Besitzer abhängt** (*mein, dein, sein, ihr, unser, euer, ihr*), die **Endung aber vom Genus des Besitztums** (*mein Ball, meine Tasche*). Die Kopiervorlagen bieten Übungsseiten zu den Possessivartikeln im Nominativ und in begrenztem Umfang im Akkusativ und im Dativ. Der Genitiv wurde nicht berücksichtigt, da seine Verwendung – insbesondere in der gesprochenen Sprache – selten ist und ein hohes Sprachniveau voraussetzt.

Kinder im Grundschulalter eignen sich korrekte grammatische Formen der Zweitsprache vor allem durch implizites Lernen „über das Ohr" an, d. h. durch wiederholtes Vorlesen, Nachsprechen oder bei der Verwendung auswendig gelernter Formulierungen oder Sätze. Das Bewusstmachen grammatischer Phänomene ist erst am Ende der Grundschulzeit und auf der Basis impliziten Wissens möglich. Daher beschränken sich die Aufgaben auf von den Lernern vermutlich bereits häufig gehörte Formen der Possessivartikel im Nominativ und im Akkusativ, Formen im Dativ werden nur marginal berücksichtigt.

Alle Übungen trainieren und festigen neben dem grammatischen Phänomen den Wortschatz, verschiedene Satzstrukturen und die Lesekompetenz. Gleichzeitig stärken sie die Konzentrations- und Wahrnehmungsfähigkeit, die Flexibilität im Denken sowie die Kombinationsfähigkeit.

Die Reihenfolge der Übungen in diesem Heft lässt eine Progression auf die in ihnen enthaltenen Schwierigkeiten erkennen. Dennoch ist es der Lehrkraft freigestellt, von Fall zu Fall zu entscheiden, welche Vorlagen von ihren Lernern bewältigt werden können.

Die Grammatikaufgaben sind für **DaZ/DaF-Lerner auf der Stufe A1, A2 und B1** des Europäischen Referenzrahmens für Sprachen geeignet (Stufe der elementaren Sprachverwendung). **Voraussetzung** für die Lösung der Aufgaben ist, dass die **Possessivartikel im jeweiligen Fall im Unterricht bereits häufig gehört und verwendet** worden sind. Darüber hinaus müssen das in den Kopiervorlagen enthaltene **Wortmaterial** und die **syntaktischen Strukturen** erarbeitet worden sein. Im Interesse der Fokussierung auf das grammatische Phänomen ist das eingesetzte Wortmaterial eng begrenzt. Nur in Ausnahmefällen erscheinen Wörter, die über den Grundwortschatz hinausgehen. Diese werden dann durch den Kontext oder durch die Illustrationen semantisiert. Lange Wörter, die schwer zu erlesen sind, werden vermieden. Die syntaktischen Strukturen sind in ihrem Umfang sehr begrenzt und leicht zu durchschauen. Die Sätze sind grundsätzlich kurz.

Die Kopiervorlagen eignen sich für
- DaZ-Basiskurse für Seiteneinsteiger,
- additiven DaZ-Förderunterricht sowie
- Binnendifferenzierung und Individualisierung im Regelklassenunterricht.

Und so wird mit den Vorlagen gearbeitet:

Um zu verhindern, dass sich die Lerner bei der Lösung der Aufgaben an den angegebenen Lösungen in den Kontrollbildern orientieren, sollten vor der Bearbeitung der Aufgaben die Kontrollbilder am rechten Rand des Blattes nach hinten geknickt bzw. mit einer Schere abgeschnitten werden.

Neu in dieser Sammlung von Kopiervorlagen sind die **Tandemübungen für die Partnerarbeit**. Diese Übungen ermöglichen den Lernern, die neue Sprache „auf Augenhöhe" mit einem Mitlerner, also im geschützten Raum, mündlich auszuprobieren. Das baut eventuell vorhandene Sprechhemmungen ab und die Lerner können durch den Partner eine sofortige Rückmeldung bekommen. Dieser kann die Äußerung bestätigen bzw. korrigieren. Auch das Arbeitstempo können die Partner frei bestimmen. Die Lehrkraft kann in die Gespräche hineinhören, sie kann aber auch als ein Partner fungieren, sie kann korrigieren oder auch Fragen der Lerner beantworten.

Jede Tandemübung besteht aus zwei Kopiervorlagen – jeweils eine Seite pro Partner (Tandempartner P1 und P2). P2 muss die erste Aufgabe lösen, P1 hat die Lösung auf seinem Bogen vorliegen. Danach wechselt es: P1 muss die nächste Aufgabe lösen, P2 kontrolliert anhand der Vorgabe auf seinem Bogen. Die Lücken sind so groß, dass die Lerner die gesuchte Präposition dort hineinschreiben können.

Dr. Ellen Schulte-Bunert   Michael Junga

1. Das bin ich

Suche zu jedem Satz von A bis F den richtigen Possessivartikel.
Achte auf den Artikel.
Schreibe die Kennzahl der richtigen Lösung in das Feld rechts neben dem Satz.
Male dann die Lösungsfelder im Kontrollbild in den angegebenen Farben aus.
Schreibe die Sätze in dein Heft.
Unterstreiche die Possessivartikel und die dazugehörenden Nomen mit einem farbigen Stift.

ich
der – mein
die – meine

die Familie   der Bruder
die Mama   die Oma
der Papa   der Opa

Kontrollbild

| A | Das ist ___meine___ Familie. | 1 |
| | mein 3 | meine 1 | grün |

| B | Das ist _____ Mama. | |
| | mein 2 | meine 5 | rot |

| C | Das ist _____ Papa. | |
| | mein 3 | meine 6 | gelb |

| D | Das ist _____ Bruder. | |
| | mein 6 | meine 5 | grün |

| E | Das ist _____ Oma. | |
| | mein 1 | meine 2 | rot |

| F | Das ist _____ Opa. | |
| | mein 4 | meine 3 | gelb |

Name: Klasse: Datum:

2. Das sind meine Sachen

Suche zu jedem Satz von A bis F den richtigen Possessivartikel.
Achte auf den Artikel.
Schreibe die Kennzahl der richtigen Lösung in das Feld rechts neben dem Satz.
Ziehe im Kontrollbild vom Punkt neben dem Buchstaben einen geraden Strich zur Lösungszahl.
Schreibe die Sätze in dein Heft.
Unterstreiche die Possessivartikel und die dazugehörenden Nomen mit einem farbigen Stift.

ich
der – mein
die – meine
das – mein
die (Pl.) – meine

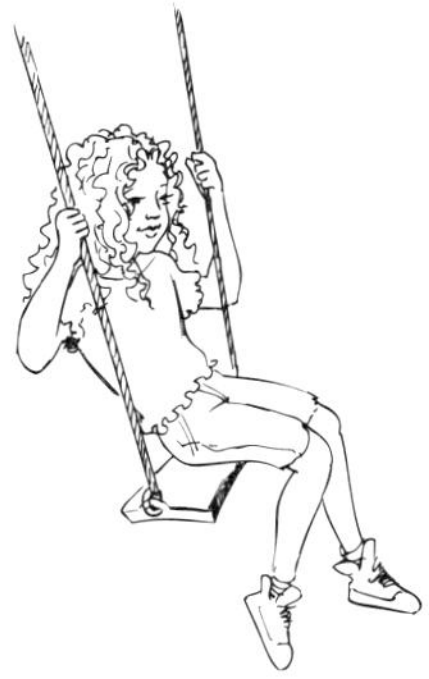

der Roller
die Schaukel
das Lieblingsbuch
der Ball
das Memoryspiel
die Legosteine (Pl.)

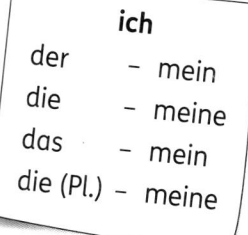

A Das ist mein Roller. 2

mein 2 | meine 1

B Das ist ______ Schaukel.

mein 4 | meine 5

C Das ist ______ Lieblingsbuch.

mein 1 | meine 3

D Das ist ______ Ball.

mein 3 | meine 4

E Das ist ______ Memoryspiel.

mein 6 | meine 2

F Das sind ______ Legosteine.

mein 5 | meine 4

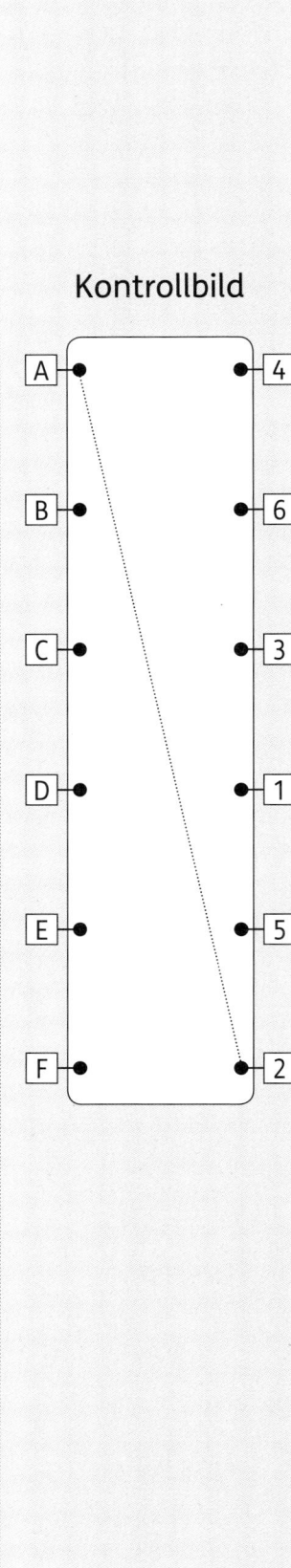

Kontrollbild

Name: Klasse: Datum:

3. Wer ist das?

Suche zu jedem Satz von A bis F den richtigen Possessivartikel.
Achte auf den Artikel.
Schreibe die Kennzahl der richtigen Lösung in das Feld rechts neben dem Satz.
Suche zu jeder Lösungsnummer rechts auf dem Blatt den zugehörigen Kennbuchstaben.
Setze aus den Kennbuchstaben die Lösungswörter zusammen.
Schreibe die Sätze in dein Heft.
Unterstreiche die Possessivartikel und die dazugehörigen Nomen mit einem farbigen Stift.

du
der – dein
die – deine

Kennbuchstaben

5	2	3
E	T	R
1	4	6
G	W	A

Lösungswörter

A	B	C
R		
D	E	F

A „Ist das ___dein___ Papa?"   3
   dein [3]   deine [4]

B „Ist das _____ Mama?"   ☐
   dein [1]   deine [6]

C „Ist das _____ Bruder?"   ☐
   dein [2]   deine [3]

D „Ist das _____ Schwester?"   ☐
   dein [6]   deine [4]

E „Ist das _____ Opa?"   ☐
   dein [5]   deine [2]

F „Ist das _____ Oma?"   ☐
   dein [4]   deine [1]

4. Sind das deine Schulsachen?

Suche zu jedem Satz von A bis F den richtigen Possessivartikel.
Achte auf den Artikel.
Schreibe die Kennzahl der richtigen Lösung in das Feld rechts neben dem Satz.
Male dann die Lösungsfelder im Kontrollbild in den angegebenen Farben aus.
Schreibe die Sätze in dein Heft.
Unterstreiche die Possessivartikel und die dazugehörenden Nomen mit einem farbigen Stift.

du
der – dein
die – deine
das – dein
die (Pl.) – deine

der Filzstift   die Schere
der Spitzer   das Buch
die Mappe   die Hefte (Pl.)

Kontrollbild

A „Ist das ___dein___ Filzstift?" → 4
dein 4 | deine 3 | rot

B „Ist das _____ Spitzer?"
dein 5 | deine 4 | blau

C „Ist das _____ Mappe?"
dein 2 | deine 6 | gelb

D „Ist das _____ Schere?"
dein 6 | deine 1 | rot

E „Ist das _____ Buch?"
dein 3 | deine 5 | blau

F „Sind das _____ Hefte?"
dein 4 | deine 2 | gelb

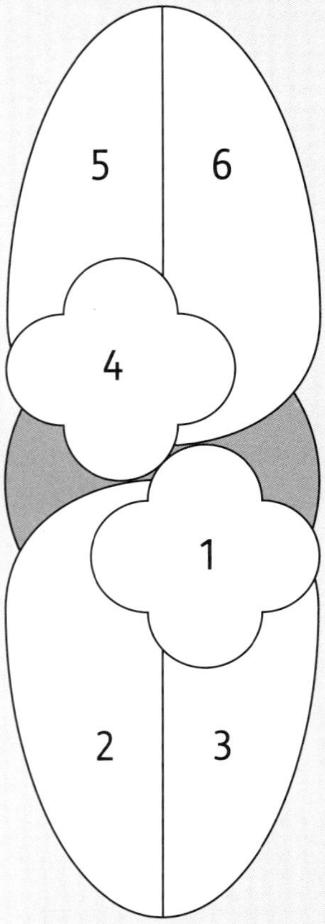

5. Amjads Familie

Suche zu jedem Satz von A bis F den richtigen Possessivartikel.
Achte auf den Artikel.
Schreibe die Kennzahl der richtigen Lösung in das Feld rechts neben dem Satz.
Ziehe im Kontrollbild vom Punkt neben dem Buchstaben einen geraden Strich zur Lösungszahl.
Schreibe die Sätze in dein Heft.
Unterstreiche die Possessivartikel und die dazugehörenden Nomen mit einem farbigen Stift.

Kontrollbild

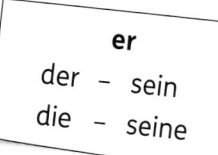

er
der – sein
die – seine

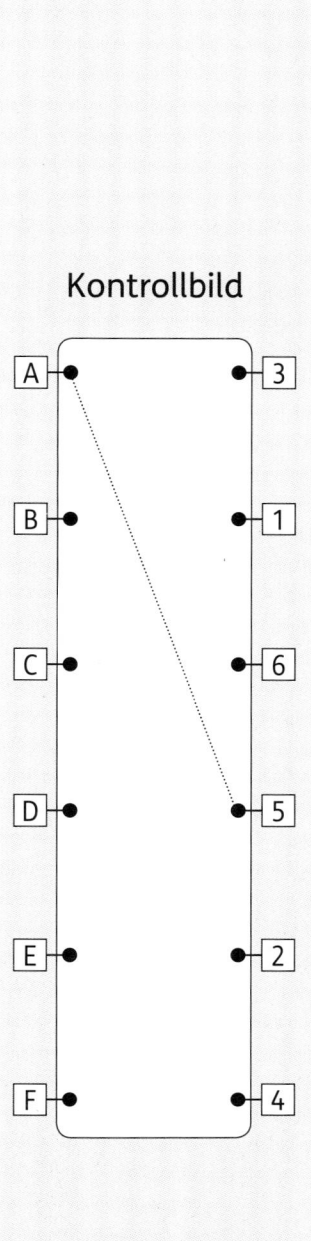

| A | Das ist ____seine____ Familie. | 5 |

| sein | 5 | seine | 3 |

| B | Das ist _____ Mama. | |

| sein | 1 | seine | 2 |

| C | Das ist _____ Schwester. | |

| sein | 2 | seine | 4 |

| D | Das ist _____ Opa. | |

| sein | 3 | seine | 6 |

| E | Das ist _____ Tante. | |

| sein | 4 | seine | 1 |

| F | Und das ist _____ Onkel. | |

| sein | 6 | seine | 5 |

| Name: | Klasse: | Datum: |

6. Raheles Familie

Suche zu jedem Satz von A bis F den richtigen Possessivartikel.
Achte auf den Artikel.
Schreibe die Kennzahl der richtigen Lösung in das Feld rechts neben dem Satz.
Suche zu jeder Lösungsnummer rechts auf dem Blatt den zugehörigen Kennbuchstaben.
Setze aus den Kennbuchstaben die Lösungswörter zusammen.
Schreibe die Sätze in dein Heft.
Unterstreiche die Possessivartikel und die dazugehörenden Nomen mit einem farbigen Stift.

sie
der – ihr
die – ihre

A Das ist _____ihr_____ Papa.   [6]
   ihr [6]   ihre [3]

B Das ist _____ Mama.   [ ]
   ihr [4]   ihre [1]

C Das ist _____ großer Bruder.   [ ]
   ihr [3]   ihre [2]

D Das ist _____ kleiner Bruder.   [ ]
   ihr [2]   ihre [6]

E Das ist _____ Oma.   [ ]
   ihr [5]   ihre [4]

F Und wo ist _____ Schwester?   [ ]
   ihr [1]   ihre [5]

Kennbuchstaben

| 1 K | 2 T | 4 E |
| 5 E | 3 I | 6 S |

Lösungswörter

| A S | B | C |
| D | E | F |

10

Name: Klasse: Datum:

7. Wer kann es erraten: Wer ist das?

Suche zu jedem Satz von A bis F den richtigen Possessivartikel.
Achte auf den Artikel. Entscheide, um welchen der Jungen es sich handelt.
Schreibe die Kennzahl der richtigen Lösung in das Feld rechts neben dem Satz.
Male dann die Lösungsfelder im Kontrollbild in den
angegebenen Farben aus. Schreibe die Sätze in dein Heft.
Unterstreiche die Possessivartikel und die
dazugehörenden Nomen mit einem farbigen Stift.

er
der – sein
die – seine
das – sein
die (Pl.) – seine

die Haare (Pl.) die Schuhe (Pl.)
das T-Shirt der Rucksack
die Hose der Turnbeutel

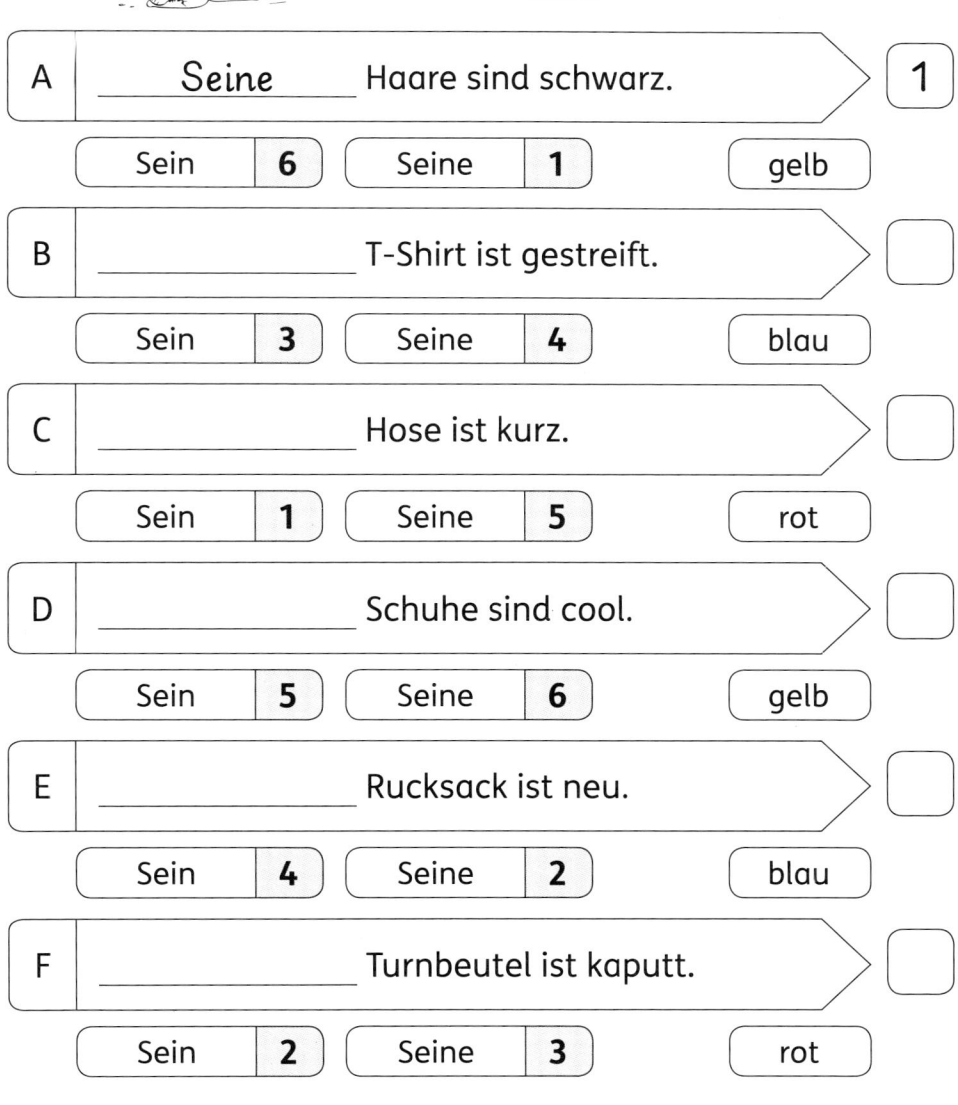
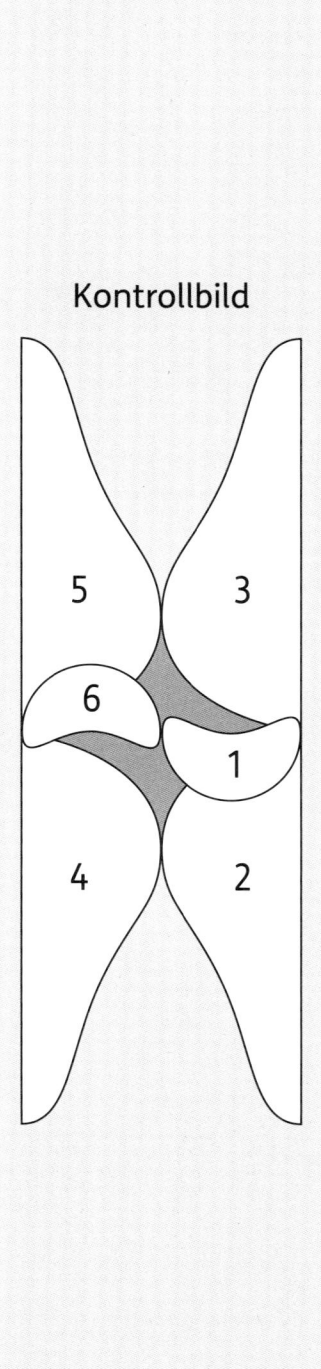

Kontrollbild

A _Seine_ Haare sind schwarz. 1
Sein 6 Seine 1 gelb

B _____ T-Shirt ist gestreift.
Sein 3 Seine 4 blau

C _____ Hose ist kurz.
Sein 1 Seine 5 rot

D _____ Schuhe sind cool.
Sein 5 Seine 6 gelb

E _____ Rucksack ist neu.
Sein 4 Seine 2 blau

F _____ Turnbeutel ist kaputt.
Sein 2 Seine 3 rot

Es ist _____!

Name: Klasse: Datum:

8. Und wer ist das?

Suche zu jedem Satz von A bis F den richtigen Possessivartikel.
Achte auf den Artikel. Entscheide, um welches der Mädchen es sich handelt.
Schreibe die Kennzahl der richtigen Lösung in das Feld rechts neben dem Satz.
Ziehe im Kontrollbild vom Punkt neben dem Buchstaben einen geraden Strich zur Lösungszahl. Schreibe die Sätze in dein Heft.
Unterstreiche die Possessivartikel und die dazugehörenden Nomen mit einem farbigen Stift.

Eliza
Helene
Anna

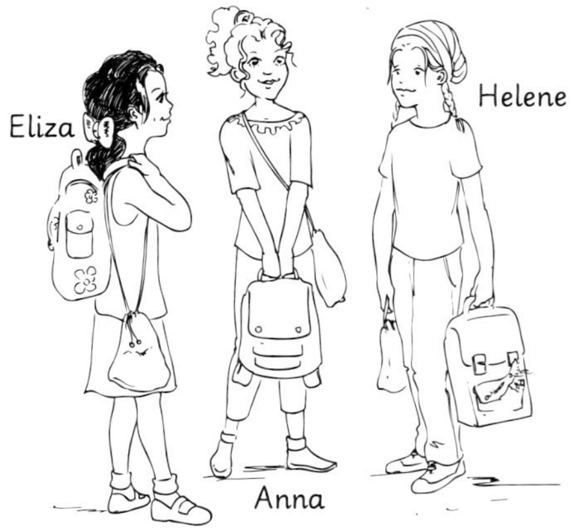

sie	
der	– ihr
die	– ihre
das	– ihr
die (Pl.)	– ihre

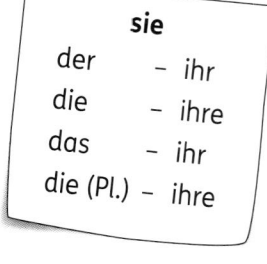

die Haare (Pl.)	die Mütze
das T-Shirt	der Rucksack
die Hose	der Turnbeutel

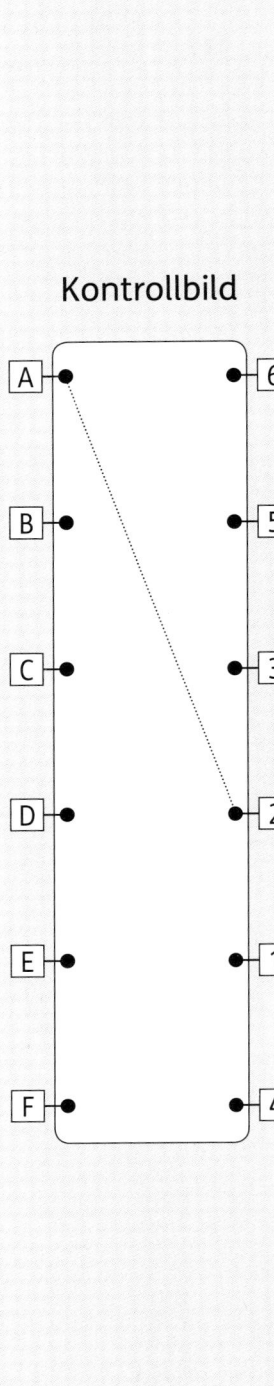

A ___Ihre___ Haare sind blond. [2]

Ihre **2** Ihr **6**

B ______ T-Shirt ist weiß. [ ]

Ihre **1** Ihr **5**

C ______ Hose ist lang. [ ]

Ihre **4** Ihr **2**

D ______ Mütze ist gestreift. [ ]

Ihre **6** Ihr **4**

E ______ Rucksack ist kaputt. [ ]

Ihre **3** Ihr **1**

F ______ Turnbeutel ist neu. [ ]

Ihre **5** Ihr **3**

Es ist ______________!

Kontrollbild

A
B
C
D
E
F
6
5
3
2
1
4

Name: Klasse: Datum:

9. Wem gehören die Schulsachen?

Suche zu jedem Satz von [A] bis [F] den richtigen Possessivartikel.
Achte auf das Geschlecht (Junge oder Mädchen) und auf den Artikel des Nomens.
Schreibe die Kennzahl der richtigen Lösung in das Feld rechts neben dem Satz.
Suche zu jeder Lösungsnummer rechts auf dem Blatt den zugehörigen Kennbuchstaben.
Setze aus den Kennbuchstaben die Lösungswörter zusammen.
Schreibe die Sätze dann so in dein Heft ab:
Rahele: Das ist ihr Buntstift.

Der Buntstift gehört Rahele.

A Das ist *ihr* Buntstift. [3]

sein 5	seine 4	ihr 3	ihre 6

Der Spitzer gehört Kamil.

B Das ist ______ Spitzer. [ ]

sein 4	seine 2	ihr 5	ihre 1

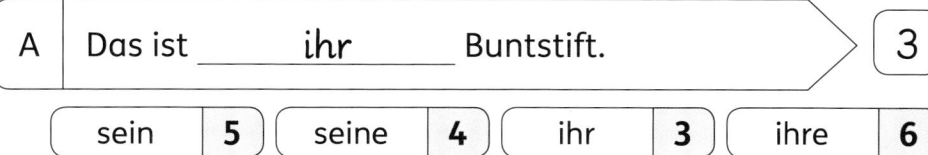

Die Mappe gehört Eliza.

C Das ist ______ Mappe. [ ]

sein 6	seine 3	ihr 1	ihre 5

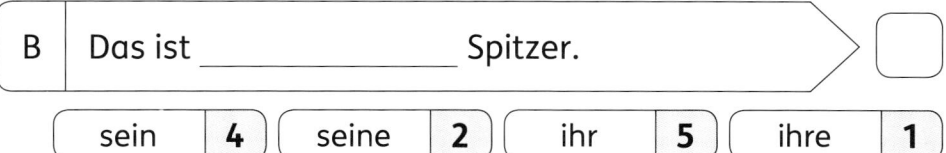

Die Schere gehört Matin.

D Das ist ______ Schere. [ ]

sein 2	seine 6	ihr 4	ihre 3

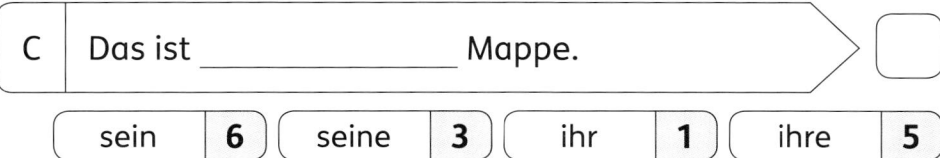

Das Buch gehört Paola.

E Das ist ______ Buch. [ ]

sein 1	seine 5	ihr 2	ihre 4

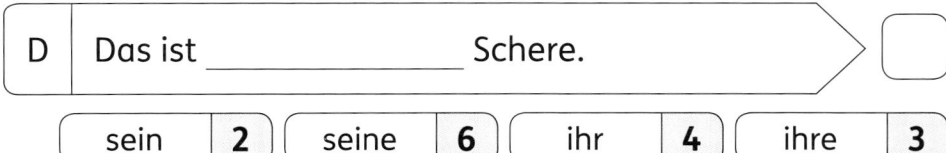

Das Heft gehört Emil.

F Das ist ______ Heft. [ ]

sein 1	seine 3	ihr 6	ihre 2

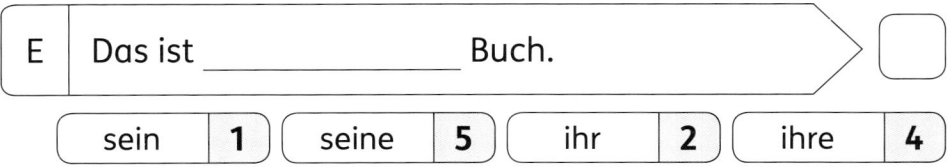

Kennbuchstaben

2	4	6
E	A	R
5	1	3
I	H	M

Lösungswörter

A	B	C
M		
D	E	F

✏️ Name: Klasse: Datum:

10. Vergessen!

Suche zu jedem Satz von A bis F den richtigen Possessivartikel.
Achte auf das Geschlecht (Junge oder Mädchen) und auf den Artikel des Nomens.
Schreibe die Kennzahl der richtigen Lösung in das Feld rechts neben dem Satz.
Male dann die Lösungsfelder im Kontrollbild in den angegebenen Farben aus.
Schreibe die Sätze in dein Heft.
Unterstreiche die Possessivartikel und die dazugehörenden Nomen mit einem farbigen Stift.

Amjad und Paola haben heute ihre Schulsachen vergessen. Herr Demir fragt:

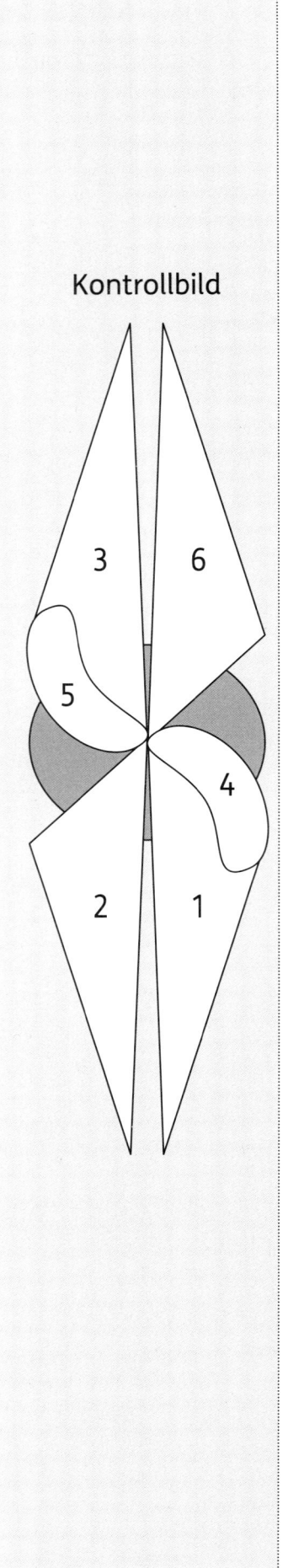

Kontrollbild

| A | „Amjad, ist das ____dein____ Buch?" | 4 |
| mein 2 | meine 1 | dein 4 | deine 6 | blau |

| B | „Nein, das ist nicht _____ Buch." | |
| mein 1 | meine 3 | dein 5 | deine 2 | rot |

| C | „Das Buch gehört Eliza. Das ist _____ Buch." | |
| sein 4 | seine 2 | ihr 6 | ihre 3 | gelb |

| D | „Paola, ist das _____ Tasche?" | |
| mein 6 | meine 4 | dein 3 | deine 5 | blau |

| E | „Nein, das ist nicht _____ Tasche." | |
| mein 5 | meine 3 | dein 2 | deine 1 | rot |

| F | „Die Tasche gehört Matin. Das ist _____ Tasche." | |
| sein 3 | seine 2 | ihr 1 | ihre 5 | gelb |

Name: Klasse: Datum:

11. Die Erwachsenen in unserer Schule

Suche zu jedem Satz von A bis F den richtigen Possessivartikel.
Achte auf den Artikel.
Schreibe die Kennzahl der richtigen Lösung in das Feld rechts neben dem Satz.
Ziehe im Kontrollbild vom Punkt neben dem Buchstaben einen geraden Strich zur Lösungszahl.
Schreibe die Sätze in dein Heft.
Unterstreiche die Possessivartikel und die dazugehörenden Nomen mit einem farbigen Stift.

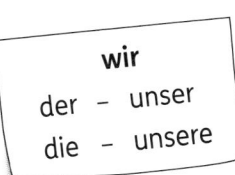

wir
der – unser
die – unsere

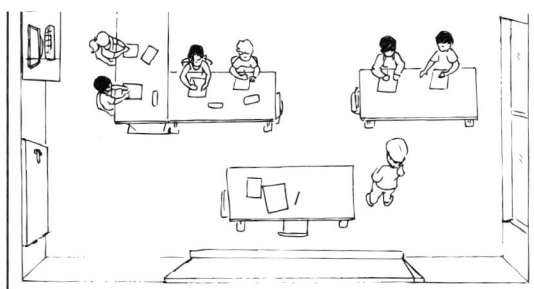

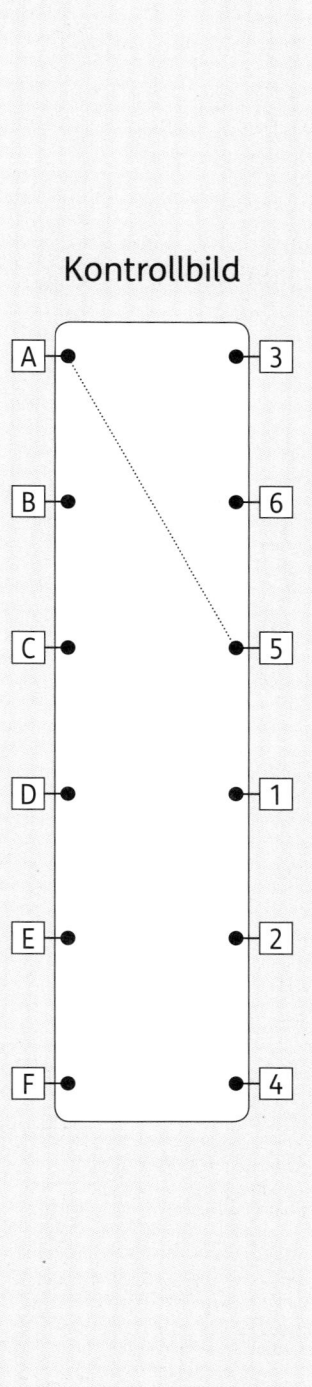

A	„Das ist unser Mathelehrer.“	5
	unser **5** – unsere **6**	
B	„Das ist ______ Deutschlehrerin.“	
	unser **4** – unsere **2**	
C	„Das ist ______ Kunstlehrer.“	
	unser **3** – unsere **5**	
D	„Das ist ______ Sportlehrerin.“	
	unser **1** – unsere **4**	
E	„Das ist ______ Hausmeister.“	
	unser **6** – unsere **3**	
F	„Und das ist ______ Sekretärin.“	
	unser **2** – unsere **1**	

Kontrollbild

Name: Klasse: Datum:

12. So sieht unsere Klasse aus

Suche zu jedem Satz von A bis F den richtigen Possessivartikel.
Achte auf den Artikel.
Schreibe die Kennzahl der richtigen Lösung in das Feld rechts neben dem Satz.
Suche zu jeder Lösungsnummer rechts auf dem Blatt den zugehörigen
Kennbuchstaben.
Setze aus den Kennbuchstaben die Lösungswörter
zusammen. Schreibe die Sätze in dein Heft.
Unterstreiche die Possessivartikel und die
dazugehörigen Nomen mit einem farbigen Stift.

wir
der – unser
die – unsere
das – unser
die (Pl.) – unsere

die Tafel
die Computertische (Pl.)
die Weltkarte
die Leseecke
das Regal
der Stundenplan

Kennbuchstaben

1	3	6
T	O	L

4	2	5
R	O	S

Lösungswörter

A	B	C
L		

D	E	F

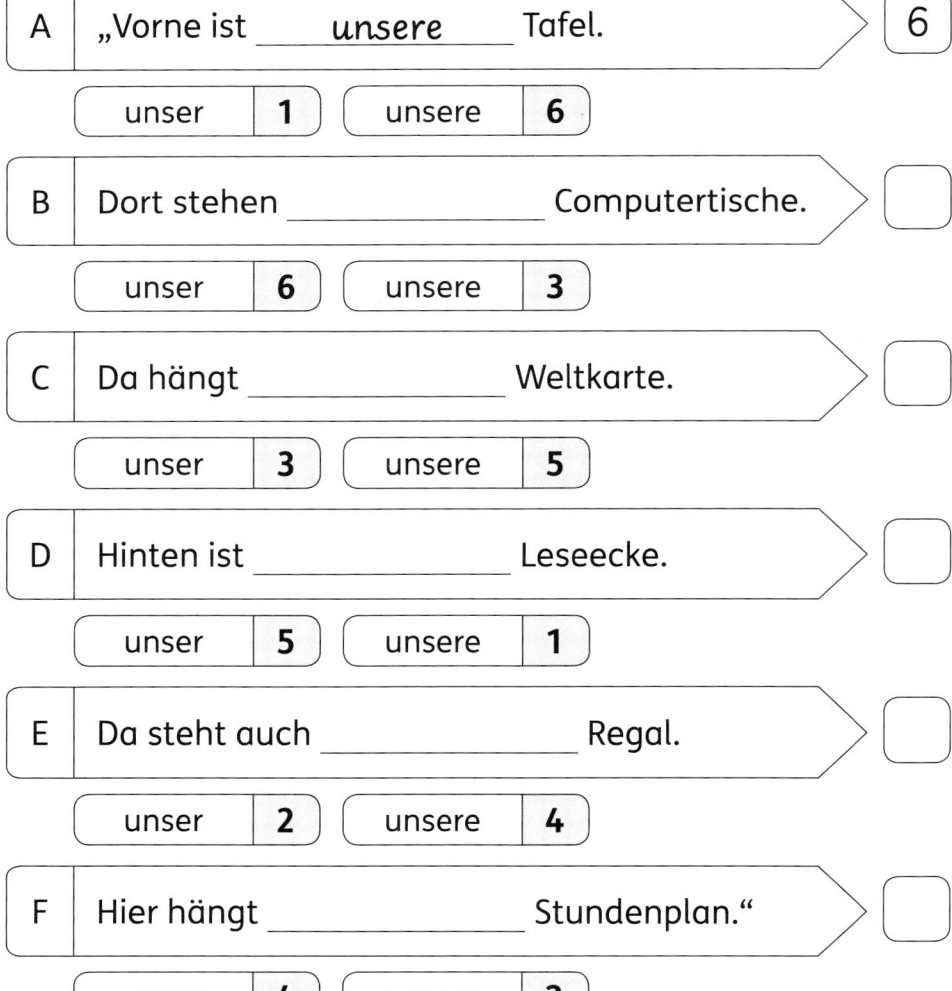

A   „Vorne ist ___unsere___ Tafel.   **6**
    unser **1**   unsere **6**

B   Dort stehen _____ Computertische.   ☐
    unser **6**   unsere **3**

C   Da hängt _____ Weltkarte.   ☐
    unser **3**   unsere **5**

D   Hinten ist _____ Leseecke.   ☐
    unser **5**   unsere **1**

E   Da steht auch _____ Regal.   ☐
    unser **2**   unsere **4**

F   Hier hängt _____ Stundenplan."   ☐
    unser **4**   unsere **2**

13. Anna ist neu in der Klasse

Suche zu jedem Satz von A bis F den richtigen Possessivartikel.
Achte auf den Artikel.
Schreibe die Kennzahl der richtigen Lösung in das Feld rechts neben dem Satz.
Male dann die Lösungsfelder im Kontrollbild in den angegebenen Farben aus.
Schreibe die Sätze in dein Heft.
Unterstreiche die Possessivartikel und die dazugehörenden Nomen mit einem farbigen Stift.

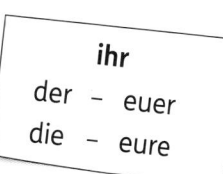
ihr
der – euer
die – eure

Anna ist neu in der Schule, sie fragt Rahele:

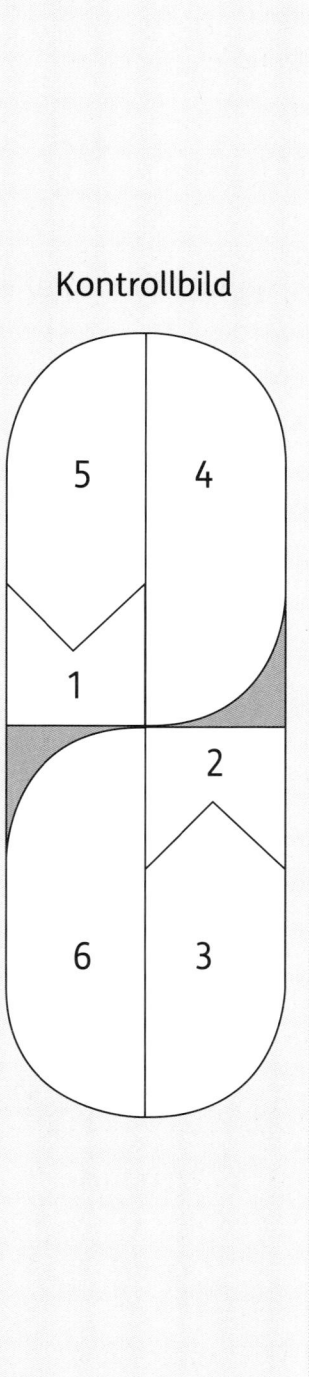

Kontrollbild

A „Ist das ___eure___ Deutschlehrerin?" **1**
euer 2 | eure 1 | grün

B „Wer ist _____ Mathelehrer?"
euer 5 | eure 1 | gelb

C „Wie heißt _____ Sportlehrerin?"
euer 4 | eure 6 | blau

D „Ist _____ Kunstlehrer nett?"
euer 2 | eure 5 | grün

E „Ist das _____ Hausmeister?"
euer 3 | eure 2 | gelb

F „Und wo ist _____ Sekretärin?"
euer 6 | eure 4 | blau

14. Anna lernt den Klassenraum kennen

Suche zu jedem Satz von A bis F den richtigen Possessivartikel.
Achte auf den Artikel.
Schreibe die Kennzahl der richtigen Lösung in das Feld rechts neben dem Satz.
Ziehe im Kontrollbild vom Punkt neben dem Buchstaben einen geraden Strich zur Lösungszahl.
Schreibe die Sätze in dein Heft.
Unterstreiche die Possessivartikel und die dazugehörenden Nomen mit einem farbigen Stift.

ihr
der – euer
die – eure
das – euer
die (Pl.) – eure

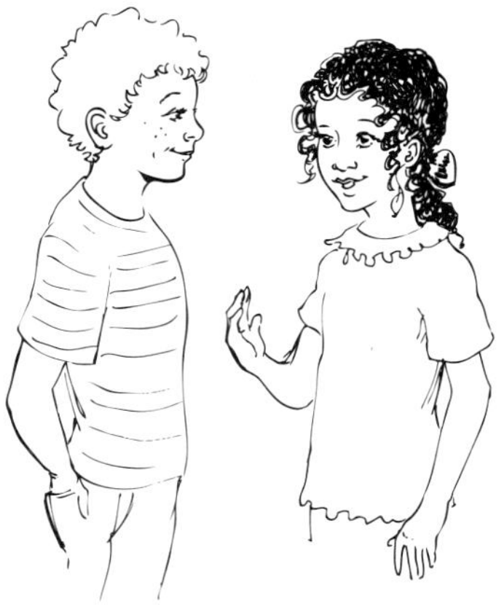

das Regal
der Stundenplan
die Bücher (Pl.)
der Computer
das Bastelmaterial
die Weltkarte

Anna kommt zum ersten Mal in den Klassenraum.
Sie fragt Kamil:

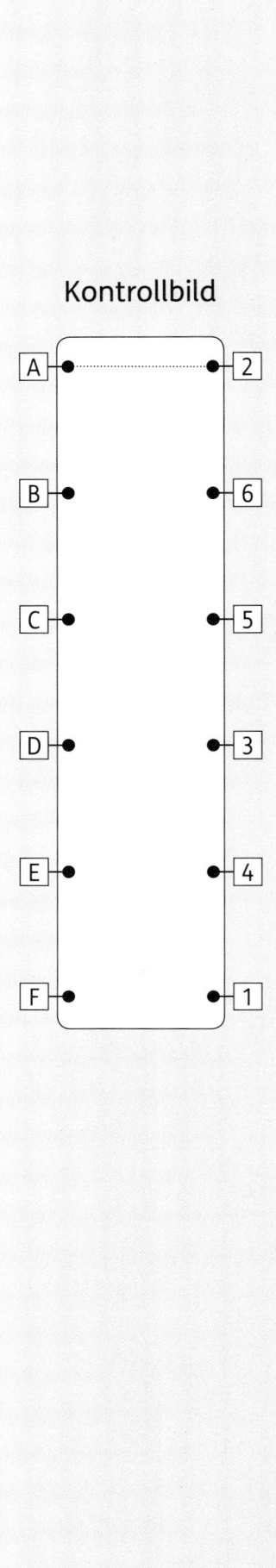

Kontrollbild

A — „Wo ist ____euer____ Regal?"   [2]
  euer [2]   eure [6]

B — „Wo hängt _____ Stundenplan?"   [ ]
  euer [4]   eure [5]

C — „Wo sind _____ Bücher?"   [ ]
  euer [1]   eure [3]

D — „Wo steht _____ Computer?"   [ ]
  euer [5]   eure [2]

E — „Wo liegt _____ Bastelmaterial?"   [ ]
  euer [6]   eure [4]

F — „Und wo hängt _____ Weltkarte?"   [ ]
  euer [3]   eure [1]

15. Helene findet ihre Schulsachen nicht

Suche zu jedem Satz von A bis F den richtigen Possessivartikel.
Achte auf den Artikel.
Schreibe die Kennzahl der richtigen Lösung in das Feld
rechts neben dem Satz.
Suche zu jeder Lösungsnummer rechts auf dem Blatt
den zugehörigen Kennbuchstaben.
Setze aus den Kennbuchstaben die Lösungswörter
zusammen. Schreibe die Sätze in dein Heft.
Unterstreiche die Possessivartikel und die dazugehörigen
Nomen mit einem farbigen Stift.

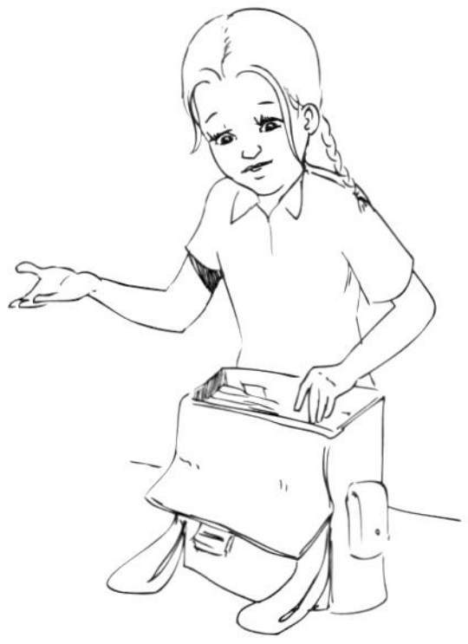

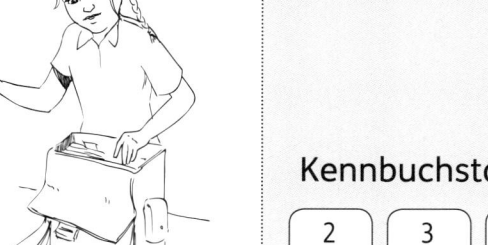

Artikel (Nominativ)	Artikel (Akkusativ)	Possessivartikel (Akkusativ)
der	– den	– meinen
die	– die	– meine
das	– das	– mein
die (Pl.)	– die	– meine

der Füller
der Radiergummi
die Schere
die Mappe
das Mathebuch
die Hefte (Pl.)

Kennbuchstaben

2	3	6
H	O	M

1	5	4
R	R	A

Lösungswörter

A	B	C
O		

D	E	F

A „Wer hat ___meinen___ Füller?" → 3
  meinen 3   meine 5   mein 1

B „Wer hat _____ Radiergummi?" → ☐
  meinen 2   meine 3   mein 6

C „Wer hat _____ Schere?" → ☐
  meinen 5   meine 1   mein 4

D „Wer hat _____ Mappe?" → ☐
  meinen 6   meine 4   mein 3

E „Wer hat _____ Mathebuch?" → ☐
  meinen 4   meine 2   mein 5

F „Wer hat _____ Hefte?" → ☐
  meinen 1   meine 6   mein 2

Name: Klasse: Datum:

16. Emil weiß, wer Helenes Schulsachen hat

Suche zu jedem Satz von A bis F den richtigen Possessivartikel.
Wenn du den Artikel des Nomens nicht weißt, schlage im Wörterbuch nach.
Schreibe die Kennzahl der richtigen Lösung in das Feld rechts neben dem Satz.
Male dann die Lösungsfelder im Kontrollbild in den angegebenen Farben aus.
Schreibe anschließend die Sätze in dein Heft.
Unterstreiche die Possessivartikel und die dazugehörigen Nomen mit einem farbigen Stift.

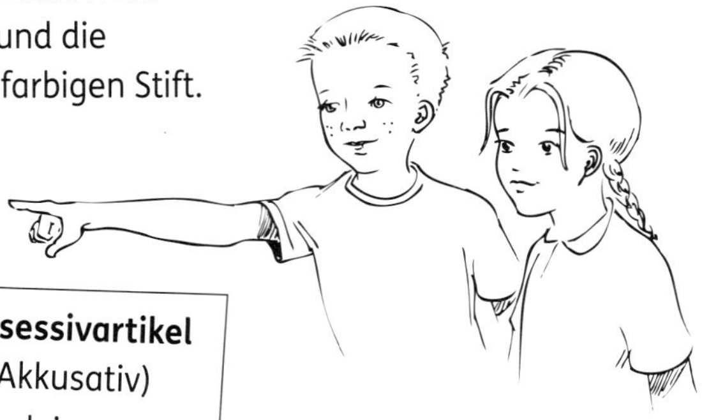

Artikel (Nominativ)		**Artikel** (Akkusativ)		**Possessivartikel** (Akkusativ)
der	–	den	–	deinen
die	–	die	–	deine
das	–	das	–	dein
die (Pl.)	–	die	–	deine

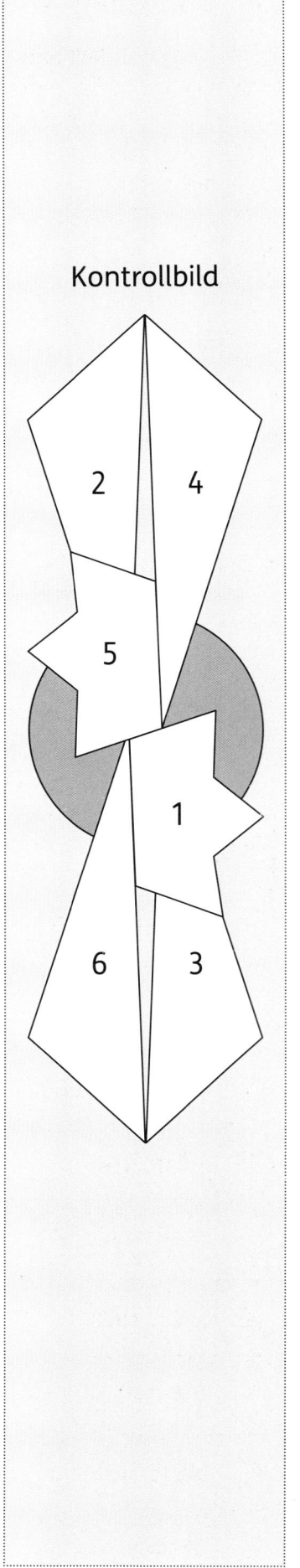

A „Rahele hat deinen Füller. | 4

deinen **4** | deine **3** | dein **6** | rot

B Kamil hat ______ Radiergummi. | ☐

deinen **1** | deine **4** | dein **2** | gelb

C Matin hat ______ Schere. | ☐

deinen **3** | deine **2** | dein **4** | blau

D Paola hat ______ Mappe. | ☐

deinen **5** | deine **6** | dein **3** | rot

E Amjad hat ______ Mathebuch ... | ☐

deinen **2** | deine **1** | dein **5** | gelb

F ... und Eliza hat ______ Hefte.“ | ☐

deinen **6** | deine **3** | dein **1** | blau

Kontrollbild

17. Matin will ein Lernplakat basteln

Suche zu jedem Satz von A bis F den richtigen Possessivartikel.
Wenn du den Artikel des Nomens nicht weißt, schlage im Wörterbuch nach.
Schreibe die Kennzahl der richtigen Lösung in das Feld rechts neben dem Satz.
Ziehe im Kontrollbild vom Punkt neben dem Buchstaben einen geraden Strich zur Lösungszahl.
Schreibe anschließend die Sätze in dein Heft.
Unterstreiche die Possessivartikel und die dazugehörigen Nomen mit einem farbigen Stift.

Kontrollbild

Artikel (Nominativ)	Artikel (Akkusativ)	Possessivartikel (Akkusativ)
der	– den	– seinen
die	– die	– seine
das	– das	– sein
die (Pl.)	– die	– seine

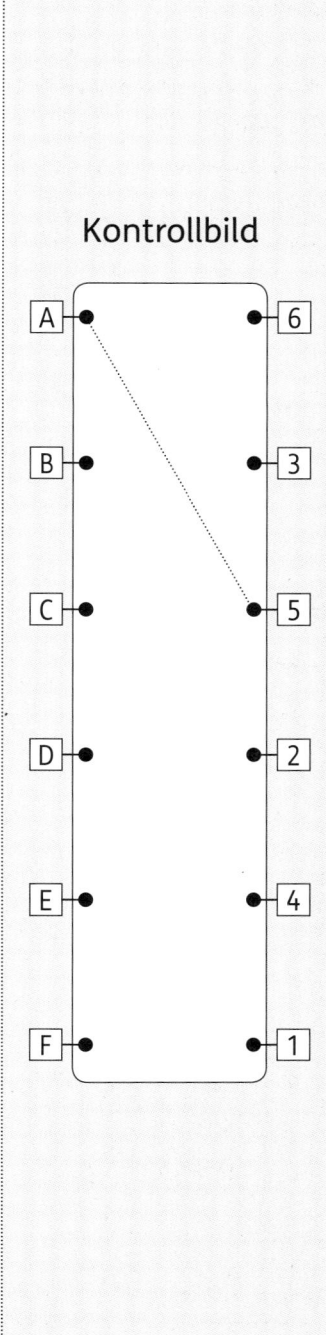

A | Matin braucht ___seinen___ Klebestift. | 5
seinen 5 | seine 4 | sein 3

B | Er braucht _____ Filzstifte. |
seinen 2 | seine 3 | sein 1

C | Er braucht _____ Schere. |
seinen 2 | seine 6 | sein 5

D | Er braucht _____ Deutschmappe. |
seinen 4 | seine 1 | sein 6

E | Er braucht _____ Lineal … |
seinen 6 | seine 3 | sein 4

F | … und er braucht _____ Buntpapier. |
seinen 1 | seine 5 | sein 2

Name: Klasse: Datum:

18. Marie sucht ihre Sachen für den Kunstunterricht

Suche zu jedem Satz von A bis F den richtigen Possessivartikel.
Wenn du den Artikel des Nomens nicht weißt, schlage im Wörterbuch nach.
Schreibe die Kennzahl der richtigen Lösung in das Feld rechts neben dem Satz.
Suche zu jeder Lösungsnummer rechts auf dem Blatt den zugehörigen Kennbuchstaben.
Setze aus den Kennbuchstaben die Lösungswörter zusammen. Schreibe anschließend die Sätze in dein Heft.
Unterstreiche die Possessivartikel und die dazugehörigen Nomen mit einem farbigen Stift.

Artikel (Nominativ)		Artikel (Akkusativ)		Possessivartikel (Akkusativ)
der	–	den	–	ihren
die	–	die	–	ihre
das	–	das	–	ihr
die (Pl.)	–	die	–	ihre

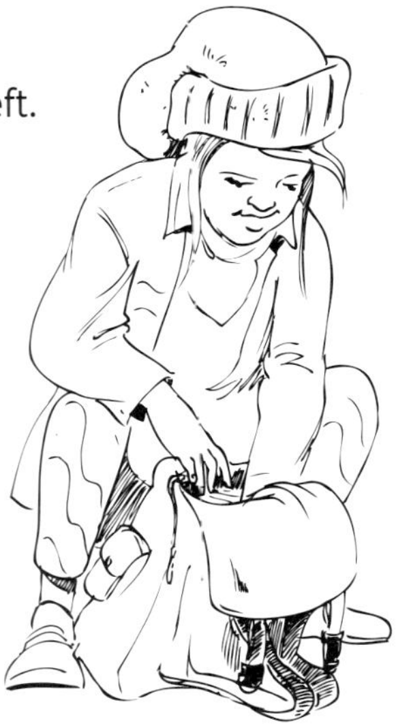

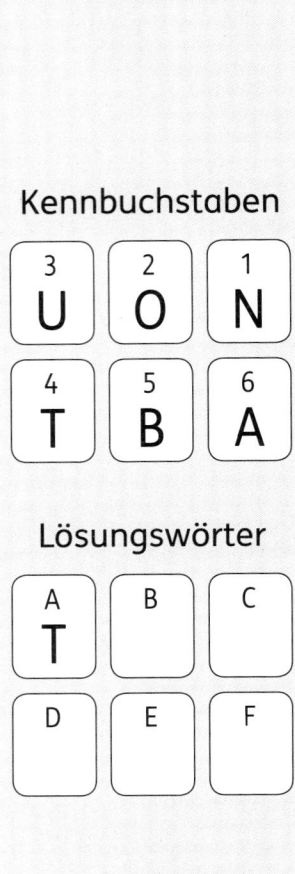

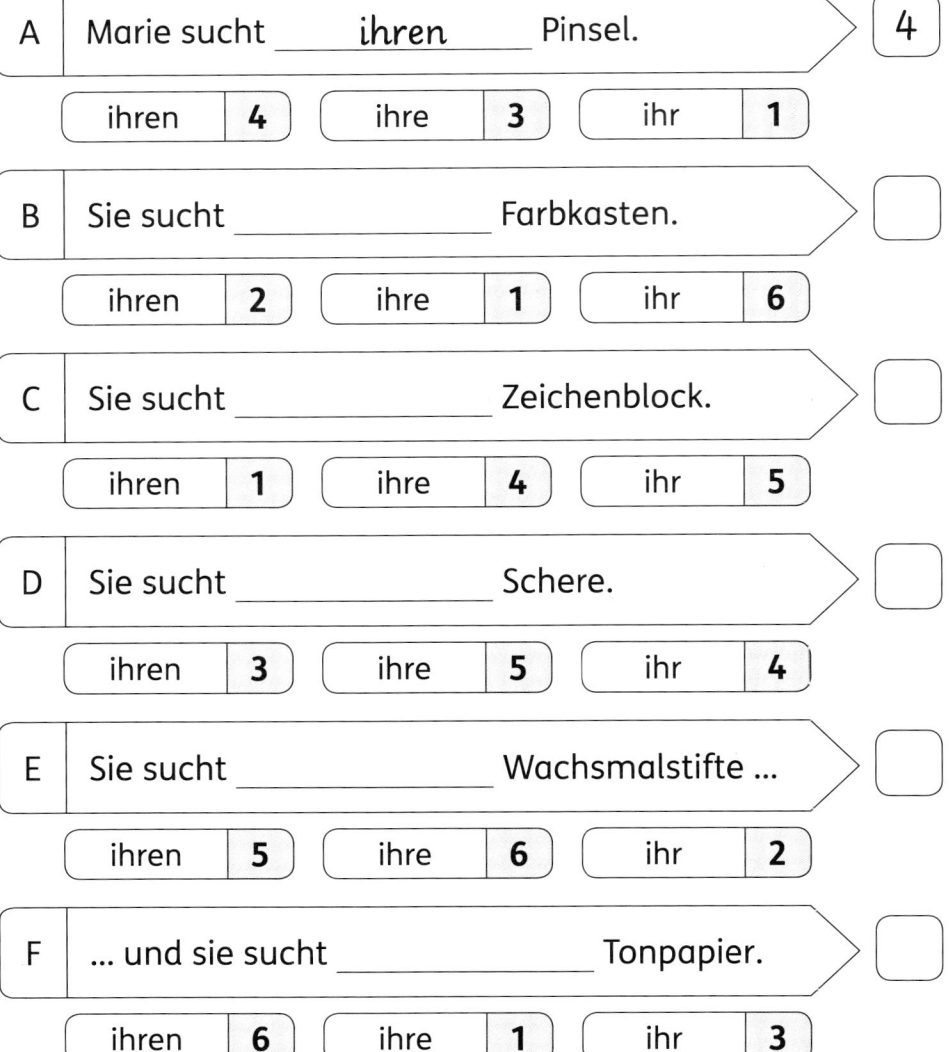

A	Marie sucht ihren Pinsel.	4
	ihren 4 · ihre 3 · ihr 1	
B	Sie sucht ________ Farbkasten.	
	ihren 2 · ihre 1 · ihr 6	
C	Sie sucht ________ Zeichenblock.	
	ihren 1 · ihre 4 · ihr 5	
D	Sie sucht ________ Schere.	
	ihren 3 · ihre 5 · ihr 4	
E	Sie sucht ________ Wachsmalstifte …	
	ihren 5 · ihre 6 · ihr 2	
F	… und sie sucht ________ Tonpapier.	
	ihren 6 · ihre 1 · ihr 3	

Kennbuchstaben

3	2	1
U	O	N
4	**5**	**6**
T	B	A

Lösungswörter

A	B	C
T		
D	**E**	**F**

19. Heute hat die 4a in der Schule Fotos gemacht

Suche zu jedem Satz von A bis F den richtigen Possessivartikel.
Wenn du den Artikel des Nomens nicht weißt, schlage im Wörterbuch nach.
Schreibe die Kennzahl der richtigen Lösung in das Feld rechts neben dem Satz.
Male dann die Lösungsfelder im Kontrollbild in den angegebenen Farben aus.
Schreibe anschließend die Sätze in dein Heft. Unterstreiche die Possessivartikel
und die dazugehörigen Nomen mit einem farbigen Stift.

Artikel (Nominativ)	Artikel (Akkusativ)	Possessivartikel (Akkusativ)
der	– den	– unseren
die	– die	– unsere
das	– das	– unser
die (Pl.)	– die	– unsere

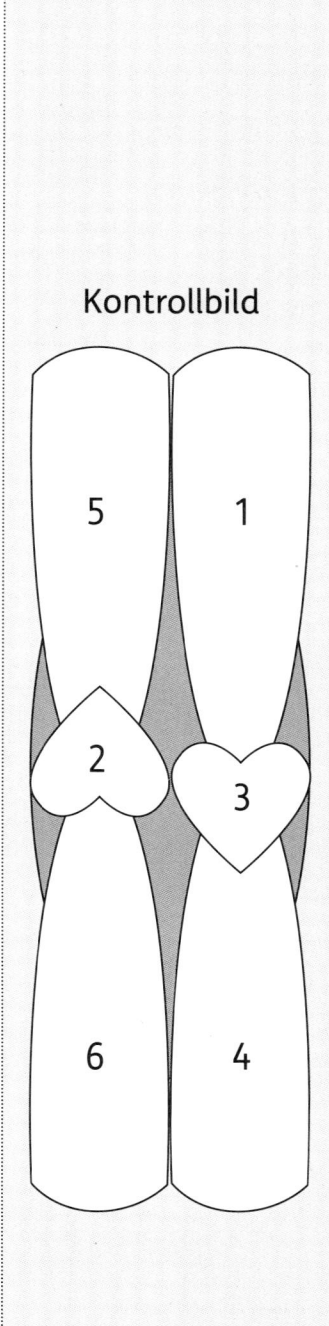

Kontrollbild

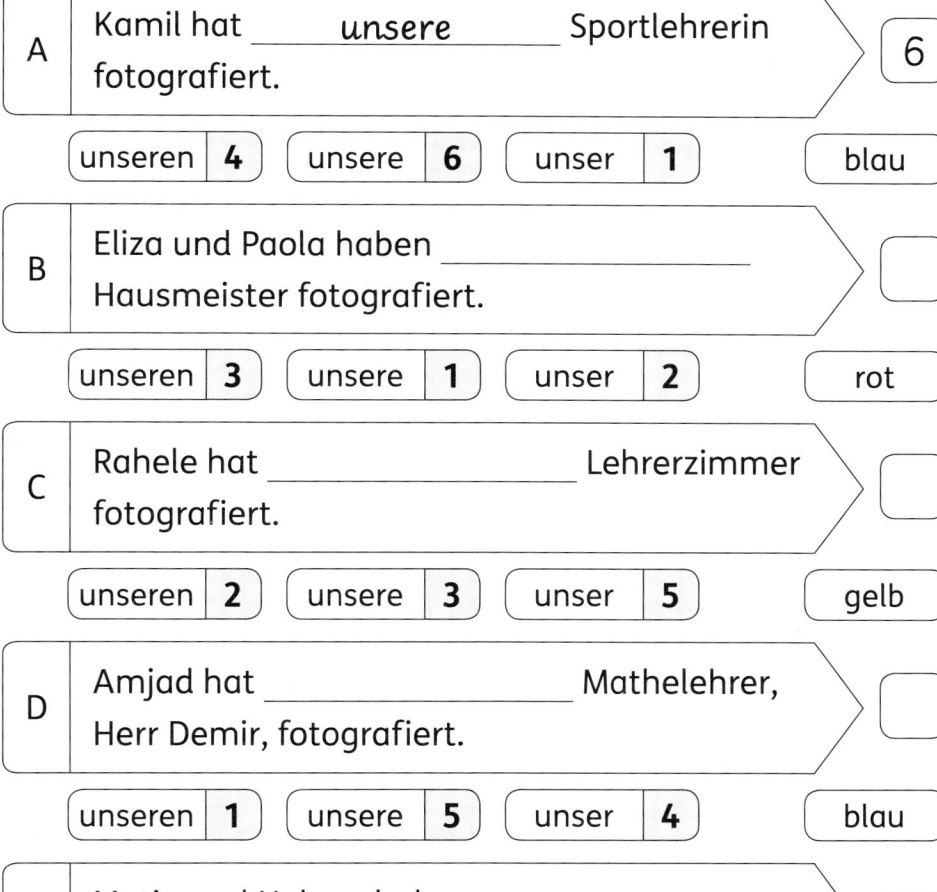

A Kamil hat ___unsere___ Sportlehrerin fotografiert. **6**
  unseren **4** unsere **6** unser **1** blau

B Eliza und Paola haben _____ Hausmeister fotografiert.
  unseren **3** unsere **1** unser **2** rot

C Rahele hat _____ Lehrerzimmer fotografiert.
  unseren **2** unsere **3** unser **5** gelb

D Amjad hat _____ Mathelehrer, Herr Demir, fotografiert.
  unseren **1** unsere **5** unser **4** blau

E Matin und Helene haben _____ Sekretärin fotografiert.
  unseren **6** unsere **2** unser **3** rot

F Und wer hat _____ Klasse fotografiert?
  unseren **5** unsere **4** unser **6** gelb

20. Wen habt ihr am Wochenende besucht?

Suche zu jedem Satz von A bis F den richtigen Possessivartikel.
Wenn du den Artikel des Nomens nicht weißt, schlage im Wörterbuch nach.
Schreibe die Kennzahl der richtigen Lösung in das Feld rechts neben dem Satz.
Ziehe im Kontrollbild vom Punkt neben dem Buchstaben einen geraden Strich zur Lösungszahl.
Schreibe anschließend die Sätze in dein Heft.
Unterstreiche die Possessivartikel und die dazugehörigen Nomen mit einem farbigen Stift.

Artikel (Nominativ)	Artikel (Akkusativ)	Possessivartikel (Akkusativ)
der	den	euren
die	die	eure
das	das	euer
die (Pl.)	die	eure

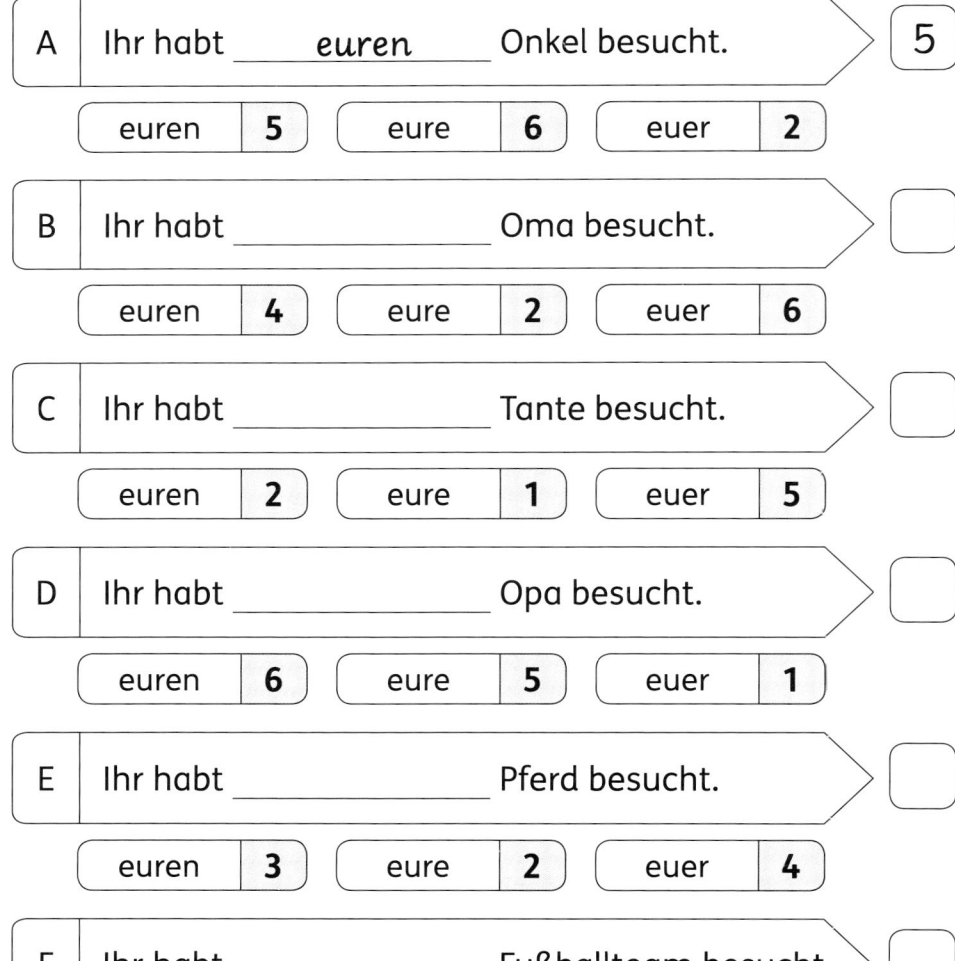

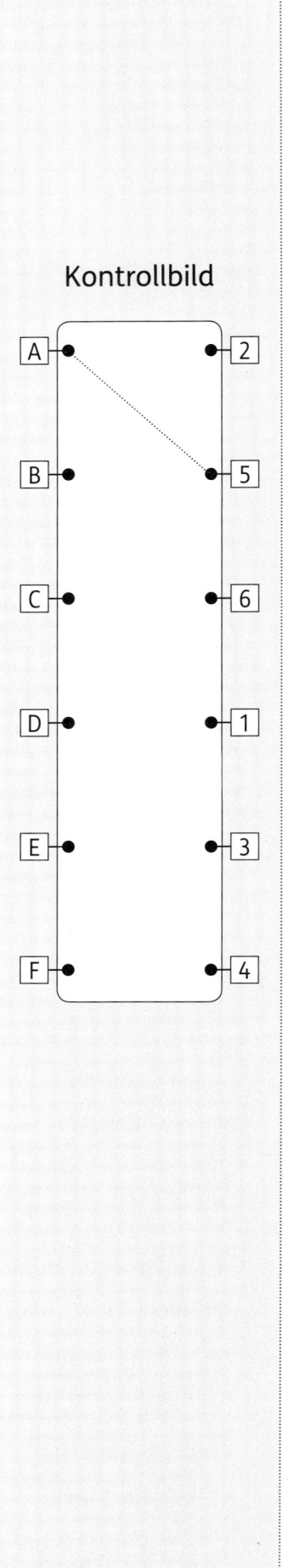

Kontrollbild

Name: _____ Klasse: _____ Datum: _____

21. Mit wem spielst du heute?

Suche zu jedem Satz von A bis F den richtigen Possessivartikel.
Schreibe die Kennzahl der richtigen Lösung in das Feld rechts neben dem Satz.
Suche zu jeder Lösungsnummer rechts auf dem Blatt den zugehörigen Kennbuchstaben.
Setze aus den Kennbuchstaben die Lösungswörter zusammen.
Schreibe anschließend die Sätze in dein Heft.
Unterstreiche so mit einem farbigen Stift:
Ich spiele mit meinem Freund Tischtennis.

mit + Dativ:
ich – der Freund – mein**em**

A Ich spiele mit ___meinem___ Freund Tischtennis. → **3**
- meinem | 3
- meinen | 6

B Du spielst mit _____ Freund Fußball. → ☐
- deiner | 2
- deinem | 1

C Georgios spielt mit _____ Freund Schach. → ☐
- seinem | 6
- seiner | 4

D Sofie spielt mit _____ Freund Memory. → ☐
- ihrem | 4
- ihrer | 3

E Wir spielen mit _____ Freund Verstecken. → ☐
- unseren | 5
- unserem | 2

F Ihr spielt mit _____ Freund Karten. → ☐
- euren | 1
- eurem | 5

Kennbuchstaben

4	6	2
U	T	H
3	1	5
A	S	U

Lösungswörter

A	B	C
A		
D	E	F

22. Alle müssen helfen – aber wer hilft wem?

Suche zu jedem Satz von A bis F den richtigen Possessivartikel.
Schreibe die Kennzahl der richtigen Lösung in das Feld rechts neben dem Satz.
Male dann die Lösungsfelder im Kontrollbild in den angegebenen Farben aus.
Schreibe anschließend die Sätze in dein Heft.
Unterstreiche so mit einem farbigen Stift:
Ich <u>helfe meiner Mutter</u> beim Backen.

helfen + Dativ:
du – die Schwester – deine**r**

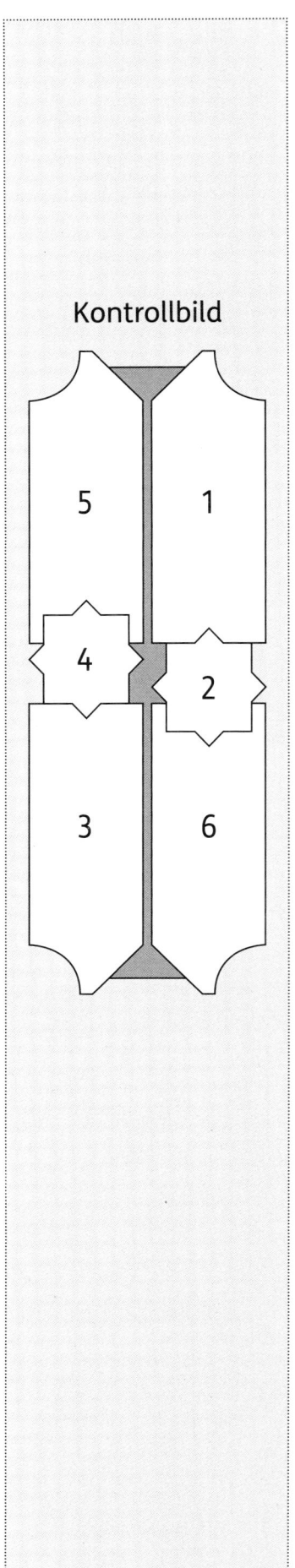

Kontrollbild

A | Ich helfe ___meiner___ Mutter beim Backen. | **2**
  | meinem **6** | meiner **2** | gelb

B | Du hilfst _____ Tante beim Putzen. |
  | deinen **4** | deiner **5** | blau

C | Eliza hilft _____ Schwester beim Anziehen. |
  | ihrer **3** | ihren **1** | rot

D | Matin hilft _____ Oma beim Kochen. |
  | seinem **1** | seiner **4** | gelb

E | Wir helfen _____ Lehrerin beim Aufräumen. |
  | unseren **5** | unserer **6** | blau

F | Ihr helft _____ Nachbarin beim Einkaufen. |
  | eurer **1** | eurem **3** | rot

23. Wem gehören die Sachen?

Suche zu jedem Satz von A bis F den richtigen Possessivartikel.
Wenn du den Artikel des Nomens nicht weißt, schlage im Wörterbuch nach.
Schreibe die Kennzahl der richtigen Lösung in das Feld rechts neben dem Satz.
Ziehe im Kontrollbild vom Punkt neben dem Buchstaben einen geraden Strich zur Lösungszahl.
Schreibe anschließend die Sätze in dein Heft.
Unterstreiche so mit einem farbigen Stift:
Die Brille <u>gehört meinem Opa</u>.

gehören + Dativ:
er – der Bruder – deine**m**
sie – die Schwester – ihre**r**

Kontrollbild

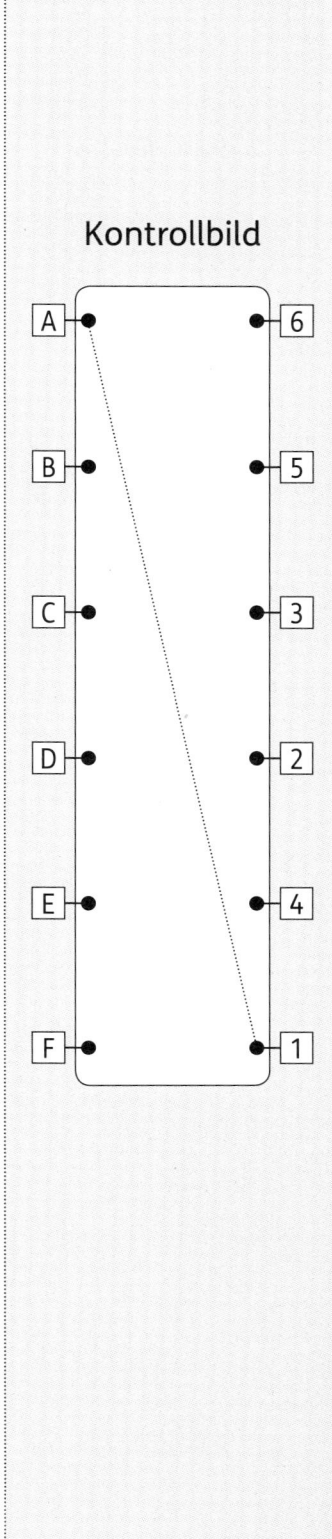

A (ich) Die Brille gehört ____meinem____ Opa. **1**
meinem **1**   meiner **5**

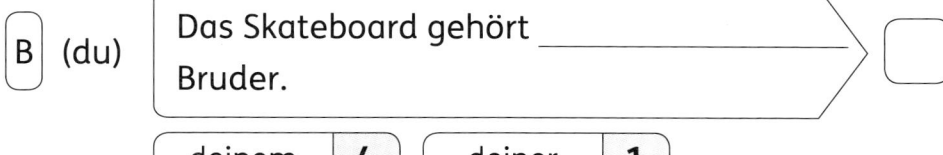

B (du) Das Skateboard gehört _____ Bruder.
deinem **4**   deiner **1**

C (er) Die Gitarre gehört _____ Freundin.
seinem **3**   seiner **2**

D (sie) Das Sweatshirt gehört _____ Schwester.
Ihrem **6**   ihrer **3**

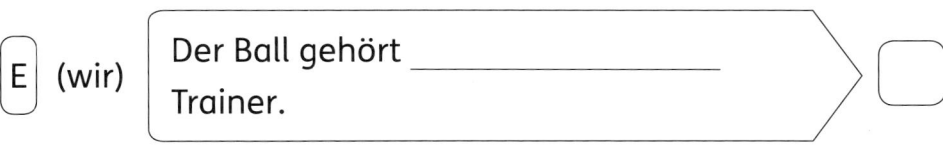

E (wir) Der Ball gehört _____ Trainer.
unserem **5**   unserer **4**

F (ihr) Das Lineal gehört _____ Lehrerin.
eurem **2**   eurer **6**

Tandempartner 1: Tandemaufgabe 1A

Mein Zuhause und meine Familie

	Vervollständige die Sätze. Setze den richtigen **Possessivartikel** ein: **mein** oder **meine**
die Familie	P1: Das ist _____ Familie.
die Mama	P2: Das ist **meine** Mama.
der Papa	P1: Das ist _____ Papa.
der Bruder	P2: Das ist **mein** kleiner Bruder.
der Roller	P1: Das ist _____ Roller.
das Memoryspiel	P2: Das ist **mein** Memoryspiel.
das Lieblingsbuch	P1: Das ist _____ Lieblingsbuch.
die Flöte	P2: Das ist **meine** Flöte.

 Tandempartner 2: Tandemaufgabe 1B

Mein Zuhause und meine Familie

	Vervollständige die Sätze. Setze den richtigen **Possessivartikel** ein: **mein** oder **meine**
die Familie	P1: Das ist **meine** Familie.
die Mama	P2: Das ist _____ Mama.
der Papa	P1: Das ist **mein** Papa.
der Bruder	P2: Das ist _____ kleiner Bruder.
der Roller	P1: Das ist **mein** Roller.
das Memoryspiel	P2: Das ist _____ Memoryspiel.
das Lieblingsbuch	P1: Das ist **mein** Lieblingsbuch.
die Flöte	P2: Das ist _____ Flöte.

Tandempartner 1: Tandemaufgabe 2A

Ist das dein Zuhause?

	Vervollständige die Sätze. Setze den richtigen **Possessivartikel** ein: **dein** oder **deine**
die Schwester	P1: Ist das _____ Schwester?
die Oma	P2: Ist das **deine** Oma?
der Opa	P1: Ist das _____ Opa?
der Onkel	P2: Ist das **dein** Onkel?
der Ball	P1: Ist das _____ Ball?
die CD	P2: Ist das **deine** CD?
das Skateboard	P1: Ist das _____ Skateboard?
das Handy	P2: Ist das **dein** Handy?

 Tandempartner 2:   Tandemaufgabe 2B

Ist das dein Zuhause?

	Vervollständige die Sätze. Setze den richtigen **Possessivartikel** ein: **dein** oder **deine**
die Schwester	P1: Ist das **deine** Schwester?
die Oma	P2: Ist das _____ Oma?
der Opa	P1: Ist das **dein** Opa?
der Onkel	P2: Ist das _____ Onkel?
der Ball	P1: Ist das **dein** Ball?
die CD	P2: Ist das _____ CD?
das Skateboard	P1: Ist das **dein** Skateboard?
das Handy	P2: Ist das _____ Handy?

Tandempartner 1: _____   Tandemaufgabe 3A

Wem gehören diese Dinge?

	Vervollständige die Sätze. Setze den richtigen **Possessivartikel** ein: **sein/seine** oder **ihr/ihre**
Rahele	P1: Der Roller gehört Rahele. Das ist _____ Roller.
Eliza	P2: Die CD gehört Eliza. Das ist **ihre** CD.
Kamil	P1: Die Flöte gehört Kamil. Das ist _____ Flöte.
Emil	P2: Das Fahrrad gehört Emil. Das ist **sein** Fahrrad.
Matin	P1: Der Fußball gehört Matin. Das ist _____ Fußball.
Helene	P2: Der Rucksack gehört Helene. Das ist **ihr** Rucksack.
Paola	P1: Das Skateboard gehört Paola. Das ist _____ Skateboard.
Amjad	P2: Die Uhr gehört Amjad. Das ist **seine** Uhr.

 Tandempartner 2:	Tandemaufgabe 3B

Wem gehören diese Dinge?

	Vervollständige die Sätze. Setze den richtigen **Possessivartikel** ein: **sein/seine** oder **ihr/ihre**
Rahele	P1: Der Roller gehört Rahele. Das ist **ihr** Roller.
Eliza	P2: Die CD gehört Eliza. Das ist _____ CD.
Kamil	P1: Die Flöte gehört Kamil. Das ist **seine** Flöte.
Emil	P2: Das Fahrrad gehört Emil. Das ist _____ Fahrrad.
Matin	P1: Der Fußball gehört Matin. Das ist **sein** Fußball.
Helene	P2: Der Rucksack gehört Helene. Das ist _____ Rucksack.
Paola	P1: Das Skateboard gehört Paola. Das ist **ihr** Skateboard.
Amjad	P2: Die Uhr gehört Amjad. Das ist _____ Uhr.

Tandempartner 1: Tandemaufgabe 4A

Kamil zeigt Anna die neue Schule

	Vervollständige die Sätze. Setze den richtigen **Possessivartikel** ein: **unser/unsere** oder **euer/eure**
die Klasse	P1: Kamil sagt: „_____ Klasse ist im Erdgeschoss.
die Sporthalle	P2: **Unsere** Sporthalle ist da drüben.
der Kunstraum	P1: _____ Kunstraum ist ganz oben im 2. Stock.
das Lehrerzimmer	P2: **Unser** Lehrerzimmer ist neben dem Sekretariat."
der Musikraum	P1: Anna fragt: „Wo ist _____ Musikraum?
die Toiletten	P2: Wo sind **eure** Toiletten?
das Sekretariat	P1: Wo ist _____ Sekretariat?
der Sportplatz	P2: Und wo ist **euer** Sportplatz?"

Tandempartner 2:   Tandemaufgabe 4B

Kamil zeigt Anna die neue Schule

	Vervollständige die Sätze. Setze den richtigen **Possessivartikel** ein: **unser/unsere** oder **euer/eure**
die Klasse	P1: Kamil sagt: „**Unsere** Klasse ist im Erdgeschoss.
die Sporthalle	P2: _____ Sporthalle ist da drüben.
der Kunstraum	P1: **Unser** Kunstraum ist ganz oben im 2. Stock.
das Lehrerzimmer	P2: _____ Lehrerzimmer ist neben dem Sekretariat."
der Musikraum	P1: Anna fragt: „Wo ist **euer** Musikraum?
die Toiletten	P2: Wo sind _____ Toiletten?
das Sekretariat	P1: Wo ist **euer** Sekretariat?
der Sportplatz	P2: Und wo ist _____ Sportplatz?"

Tandempartner 1: _____   Tandemaufgabe 5A

Nach dem Fußballtraining

	Vervollständige die Sätze. Setze den richtigen **Possessivartikel** ein: **mein/meine/meinen** oder **dein/deine/deinen**
das T-Shirt	P1: Matin fragt: „Wer hat _____ T-Shirt?
die Hose	P2: Wer hat **meine** Hose?
die Fußballschuhe	P1: Wer hat _____ Fußballschuhe?
der Ball	P2: Und wer hat **meinen** Ball?"
das T-Shirt	P1: Der Trainer weiß es: „Theo hat _____ T-Shirt.
die Hose	P2: Kamil hat **deine** Hose.
die Fußballschuhe	P1: Amjad hat _____ Fußballschuhe.
der Ball	P2: Und ich habe **deinen** Ball!"

Tandempartner 2: — Tandemaufgabe 5B

Nach dem Fußballtraining

	Vervollständige die Sätze. Setze den richtigen **Possessivartikel** ein: **mein/meine/meinen** oder **dein/deine/deinen**
das T-Shirt	P1: Matin fragt: „Wer hat **mein** T-Shirt?
die Hose	P2: Wer hat _____ Hose?
die Fußballschuhe	P1: Wer hat **meine** Fußballschuhe?
der Ball	P2: Und wer hat _____ Ball?"
das T-Shirt	P1: Der Trainer weiß es: „Theo hat **dein** T-Shirt.
die Hose	P2: Kamil hat _____ Hose.
die Fußballschuhe	P1: Amjad hat **deine** Fußballschuhe.
der Ball	P2: Und ich habe _____ Ball!"

37

Tandempartner 1:   **Tandemaufgabe 6A**

So sieht es bei uns aus

	Vervollständige die Sätze. Setze den richtigen **Possessivartikel** ein: <u>sein/seine/seinen</u>, <u>ihr/ihre/ihren</u>, <u>unser/unsere/unseren</u> oder <u>euer/eure/euren</u>
der Schreibtisch	P1: Rahele malt einen Schreibtisch. Sie malt _____ Schreibtisch.
die Lampe	P2: Eliza malt eine Lampe. Sie malt **ihre** Lampe.
das Bett	P1: Kamil malt ein Bett. Er malt _____ Bett.
der Computer	P2: Emil malt einen Computer. Er malt **seinen** Computer.
der Fernseher	P1: Wir malen einen Fernseher. Wir malen _____ Fernseher.
die Küche	P2: Wir malen eine Küche. Wir malen **unsere** Küche.
der Garten	P1: Ihr malt einen Garten. Ihr malt _____ Garten
das Auto	P2: Ihr malt ein Auto. Ihr malt **euer** Auto.

 Tandempartner 2:   Tandemaufgabe 6B

So sieht es bei uns aus

	Vervollständige die Sätze. Setze den richtigen **Possessivartikel** ein: **sein/seine/seinen**, **ihr/ihre/ihren**, **unser/unsere/unseren** oder **euer/eure/euren**
der Schreibtisch	P1: Rahele malt einen Schreibtisch. Sie malt **ihren** Schreibtisch.
die Lampe	P2: Eliza malt eine Lampe. Sie malt _____ Lampe.
das Bett	P1: Kamil malt ein Bett. Er malt **sein** Bett.
der Computer	P2: Emil malt einen Computer. Er malt _____ Computer.
der Fernseher	P1: Wir malen einen Fernseher. Wir malen **unseren** Fernseher.
die Küche	P2: Wir malen eine Küche. Wir malen _____ Küche.
der Garten	P1: Ihr malt einen Garten. Ihr malt **euren** Garten
das Auto	P2: Ihr malt ein Auto. Ihr malt _____ Auto.